MÉMOIRE

POUR

M. Bertrand du CHAILLA DES ARÈNES, ancien propriétaire de la manufacture royale de Cahors, et fondateur de
l'établissement de Sainte-Périne, de Chaillot, intervenant
dans l'instance pendante ;

COUR ROYALE
DE PARIS.

—

3ᵉ. CHAMBRE.

—

Audience des
Vendredis.

—

AN 1825.

ENTRE

M. Étienne-Philippe THIRION-MONTAUBAN, cessionnaire des
droits de M. du Chailla, appelant ;

CONTRE

*Les Héritiers de M. Jean-Marie-Baptiste VIOTTI, ancien
copropriétaire du théâtre de Monsieur, depuis le théâtre
Feydeau, intimés.*

Lors de la fondation du théâtre de *Monsieur*, maintenant le théâtre
Feydeau, M. du Chailla, cédant aux instances d'un personnage distin-
gué de la cour, voulut bien favoriser, de son nom et de son crédit, les
sieurs Autié et Viotti, copropriétaires du privilége ; il consentit à pa-
raître comme leur associé, dans un grand nombre d'actes, lorsque
dans la réalité il n'était que leur caution volontaire.

1

Mais par des conventions particulières, les sieurs Autié et Viotti lui promirent de le garantir de toute action qui pourrait être la conséquence de ces actes.

Cependant, M. du Chailla a été poursuivi en vertu d'une obligation de 60,000 liv., dans laquelle il n'avait figuré, avec les sieurs Viotti et Autié, qu'en sa qualité apparente d'associé.

Il a été exproprié de son bel établissement de Sainte-Périne, de Chaillot, pour une dette qui n'était pas la sienne; et le créancier, M. le baron de Nyvenheim, a obtenu sur l'ordre une collocation de plus de 20,000 fr., dont il a été payé.

M. du Chailla a d'abord exercé son recours contre le sieur Autié. Le tribunal de la Seine a consacré son droit contre ce dernier par un jugement maintenant passé en force de chose jugée.

La même action, dirigée contre le sieur Viotti devant le même tribunal, a été rejetée.

Cette nouvelle décision est fondée sur ce qu'il ne résulte pas suffisamment des termes de l'obligation du baron de Nyvenheim, qu'elle ait été souscrite pour les besoins de la société; erreur manifeste que repoussent l'acte même invoqué par les premiers juges, les circonstances dans lesquelles il a pris naissance, et les faits qui l'ont précédé et suivi.

Un simple exposé de ces faits mettra la Cour à même d'apprécier la véritable cause de cette obligation.

FAITS.

En l'année 1788, S. M. la Reine, désirant avoir un théâtre italien bouffe, obtint un privilége qui, pour des raisons particulières à la cour, fut mis sous le nom de S. A. R. *Monsieur*.

S. M. en gratifia Léonard Autié, son valet-de-chambre, qui se chargea de l'exploiter.

Celui-ci, par un acte passé devant M. Farmain, le 28 mai 1788, s'associa les sieurs Pollard et Mahuet, et le théâtre fut ouvert dans la salle même des Tuileries.

Mais M. Bailly, alors maire de Paris, fit remarquer qu'il n'était pas de la dignité du Roi qu'il y eût un théâtre payant dans son palais.

Le théâtre fut fermé et les associés furent obligés de louer la salle de Nicolet.

Cette situation fut ruineuse pour l'entreprise.

Léonard Autié et Viotti conçurent le projet de faire construire une salle dans les environs du Palais-Royal.

Mais Autié ni ses associés ne présentaient assez de garantie pour l'exécution d'un projet aussi important.

M. du Chailla était alors propriétaire de la manufacture royale de Cahors, et dans une brillante position de fortune. M. le marquis de la Châtre, premier gentilhomme de *Monsieur*, lui fit entrevoir qu'il serait agréable à la Reine qu'il protégeât de son nom et de son crédit le rétablissement du théâtre.

M. du Chailla, jaloux de seconder les désirs de S. M., consentit à tout ce que demanda de lui M. le marquis de la Châtre.

On fonda une nouvelle société en nom collectif, entre les sieurs Viotti, Autié, M. du Chailla et un sieur Monneron, avec droit à ces deux derniers de s'adjoindre des sous-sociétaires ou commenditaires.

Les sieurs Pollard et Mahuet, qui avaient figuré dans la première, furent écartés.

L'acte fut dressé devant M. Farmain, le 27 août 1789; on stipula, entre autres choses, que la société serait régie et administrée sous la

(4)

raison Autié et compagnie ; que les délibérations seraient obligatoires pour tous, lorsqu'elles auraient été prises par la pluralité des associés.

Quoique M. du Chailla figurât comme associé dans cet acte, on verra plus tard qu'il n'a pris cette qualité que pour se constituer la caution des nouveaux sociétaires, de manière à ménager leur amour-propre et à ne pas mettre leur solvabilité en doute.

La société fit l'acquisition du terrain nécessaire pour bâtir la salle projetée ; elle fit faire le devis des constructions ; le tout devait s'élever à la somme de 600,000 liv.

La première délibération de la société eut pour objet de se procurer cette somme par la voie d'un emprunt.

Suivant acte reçu par M^e. Farmain, notaire à Paris, le 30 juin 1790, il fut arrêté :

Qu'il serait créé 20 actions de 15,000 liv. et trente de 10,000 liv. ;

Que les fonds provenant de ces actions seraient déposés entre les mains de M^e. Farmain, et employés à payer les entrepreneurs. Pour subroger les actionnaires à leur privilége,

Il fut dit, art. 4 : « Chacune des actions ou portion du prêt pro-
» duira intérêt à 5 pour cent, sans retenue, à compter du jour du
» versement de leurs fonds dans les mains du séquestre.

» Art. 5. Indépendamment de ces intérêts, le propriétaire de cha-
» cune des dites cinquante actions aura, savoir : celui d'une action
» de 15,000 liv., la jouissance gratuite d'un quart de loge de quatre
» places à son choix dans celles dudit spectacle ; et le propriétaire
» d'une action de dix mille livres, une simple entrée personnelle et
» aussi gratuite au même spectacle, le tout à compter du jour du
» paiement total ou partiel de sa dite action, jusqu'à l'époque de son
» remboursement. »

Par une disposition finale, « les associés se sont réservés le droit de

» changer les actions de dix mille livres en celles de quinze mille ;
» mais toujours de manière à ne pas augmenter la somme totale de
» leur emprunt. »

Par le même acte, tous pouvoirs furent donnés au sieur Autié pour
exécuter cette délibération et créer les actions.

M. Monneron ne figurait pas dans cet acte ; mais on se rappelle
que les délibérations pouvaient être prises à la pluralité des associés.

Le même jour, un sieur Devilliers prit deux actions de 10,000 liv. ;
beaucoup d'autres suivirent son exemple, et bientôt cet emprunt jouit
d'une si grande faveur, que pour le réaliser plus promptement, par
acte passé devant le même notaire, le 6 novembre 1790, « les sieurs
» Viotti et du Chailla agissant en vertu de la réserve qu'ils avaient
» faite dans l'acte dudit jour 30 juin 1790, donnèrent à M. Autié,
» pouvoir de convertir en actions de 15,000 liv., autant de celles
» de 10,000 liv. qu'il jugerait convenable. »

M. du Chailla figurait dans la majeure partie des actes constitutifs
de ces emprunts. Prévoyant le cas où cette spéculation ne parviendrait
pas plus tard à un résultat aussi avantageux qu'on pouvait l'espérer
alors, il voulut régulariser sa position, et faire reconnaître par Viotti
et Autié, qu'il n'était réellement que leur associé apparent, qu'il lui
était dû garantie pour les actes qu'il aurait souscrits dans cette qualité,
et pour raison de la société.

Voici l'acte qui fut passé à cet effet devant Mʳ. Gabiou, notaire à
Paris, le 6 décembre 1790 ; il est indispensable d'en rapporter le
texte, puisqu'il est un des principaux élémens du procès.

« Aujourd'hui est comparu devant les notaires à Paris, soussignés :

» M. Jean-Baptiste Bertrand Chailla des Arènes, bourgeois, de-
» meurant à Paris, rue de la Michodière, paroisse Saint-Eustache.

» Lequel a par ces présentes déclaré qu'encore bien que d'après

» divers actes ou écrits quelconques, et notamment d'après un acte
» reçu par M^e. Farmain, notaire, le 30 juin dernier, et portant créa-
» tion d'un emprunt de 600,000 liv. ouvert par MM. Autié et Viotti,
» à l'effet de payer le prix du terrain et des constructions d'une nou-
» velle salle de spectacle, rue Feydeau, pour le théâtre de *Monsieur*,
» il paraisse que mondit sieur Chailla soit propriétaire associé dudit
» théâtre avec mesdits sieurs Autié et Viotti; la vérité est qu'il ne
» prétend aucun droit à cette association, qui n'est à son égard que
» simulée, au moyen de ce qu'il n'a fourni aucune valeur pour son
» prix. En conséquence, mondit sieur Chailla a renoncé à jamais
» rien prétendre à aucun des objets de propriété de cette association,
» à moins d'un consentement ou d'une convention expresse et par
» écrit ultérieur de mesdits sieurs Autié et Viotti, qui sont et reste-
» ront jusqu'alors, comme ils l'ont été jusqu'à présent, les seuls pro-
» priétaires associés du théâtre et de tous les accessoires.

» *Ces déclarations et reconnaissances ainsi données sous la con-*
» *dition réciproque par mesdits sieurs Autié et Viotti, d'acquitter,*
» *garantir et indemniser mondit sieur Chailla de tous recours et ré-*
» *pétition pour l'exécution des actes et engagemens contractés pour*
» *ledit théâtre, et dans lesquels mondit sieur Chailla aurait stipulé*
» *ou eût été* ANNONCÉ *en sadite qualité fictive de leur associé.*

» A ce faire étaient présens M. Léonard Autié, bourgeois, demeu-
» rant à Paris, rue Saint-Honoré, paroisse Saint-Roch.

» Et M. Jean-Baptiste Viotti, aussi bourgeois de Paris, y demeu-
» rant, susdite rue de la Michodière, paroisse Saint-Eustache.

» Lesquels ont déclaré accepter les déclarations et conditions ci-
» dessus, mais en observant que mondit sieur Chailla n'a paru, jus-
» qu'à ce moment, l'associé de mesdits sieurs Autié et Viotti, que
» sous la foi des fournissemens de fonds qu'il s'était réservé de faire,
» quand bon lui semblerait, dans la totalité de ladite entreprise, il a

» été bien entendu que sans déroger à la déclaration ci-dessus, mon-
» dit sieur Chailla sera toujours à temps d'entrer dans ladite asso-
» ciation, en portant, par lui, les fonds de cette entrée par telle quan-
» tité que bon lui semblera, et de la même manière que mesdits sieurs
» Autié et Viotti justifieront avoir fait la leur, et que la portion des
» fonds déterminera celle de sociétaire dudit sieur Chailla, comparati-
» vement aux mises de fonds de mesdits sieurs Autié et Viotti, dans
» les objets de la propriété et les dettes et charges de l'entreprise.

» *De plus, et jusqu'au moment de ladite association, M. Chailla,*
» *pour plus de sûreté*, *et* A LA GARANTIE CI-DESSUS CONTRACTÉE
» envers lui, conservera, *comme par le passé, le droit de son admis-*
» *sion à toutes les opérations de l'administration, avec celui de les*
» *admettre ou contester*, COMME S'IL ÉTAIT DÈS CE MOMENT VÉRI-
» TABLE ASSOCIÉ DE MESDITS SIEURS AUTIÉ ET VIOTTI. »

En vertu de cet acte, M. du Chailla continua de figurer aux différens actes qui avaient rapport à la société, dans lesquels lui et les
sieurs Autié et Viotti étaient annoncés comme sociétaires.

La plupart des actionnaires et prêteurs l'exigeaient pour leur
garantie.

C'est ainsi que dans les actions créées postérieurement à cette déclaration, par actes passés devant M⁵ Gabiou, les 23 février 1791,
au profit de M. Delahaye, 6 mars, au profit de M. Rouvoy, 15
mars, au profit de M. Boëtzelaër, et 31 août suivant, au profit de
M. Capin, le sieur Autier agit « tant pour lui que pour MM. Viotti
» *et Chailla des Arènes*, SES COPROPRIÉTAIRES ASSOCIÉS *du théâ-*
» *tre de Monsieur, à Paris, dont il a les pouvoirs spéciaux à cet effet,*
» *suivant acte passé devant M⁵. Farmain et son confrère, notaires à*
» *Paris, les 30 juin 1790 et 6 novembre suivant.* »

En avril 1791, presque toutes les actions étaient prises; la salle était
construite et ouverte au public.

Autié et Viotti eurent besoin de faire des emprunts pour payer les appointemens arriérés des acteurs, et pour fournir aux frais de décoration de la pièce de Lodoïska.

Ces dépenses ne pouvaient être prélevées sur l'emprunt de 600,000 livres, spécialement affecté aux frais de construction indiqués dans les devis des entrepreneurs.

M. le baron de Nyvenheim offrit de prêter 60,000 livres, sous la condition que, comme les actionnaires des constructions, il aurait la jouissance d'un quart de loge par 15,000 livres, et l'obligation de M. du Chailla.

Ses propositions furent acceptées, par acte passé devant M⁰. Gabiou, le 6 avril 1791, avec cette modification qu'il ne lui fut accordé que trois quarts de loge pour la totalité du prêt.

Il est encore indispensable de rapporter les termes de cet acte, dont l'ensemble prouve jusqu'à l'évidence, qu'il n'a eu pour cause que les besoins de la société,

« Furent présens, M. Léonard Autié, bourgeois de Paris, y de-
» meurant, rue Saint-Honoré, paroisse Saint-Roch.

» M. Jean-Baptiste Viotti, aussi bourgeois de Paris, y demeurant,
» rue de la Michodière, paroisse Saint-Eustache.

» Et Bertrand Chailla des Arènes, bourgeois, demeurant en cette ville, susdite rue de la Michodière, même paroisse de Saint-Eustache.

» Lesquels ont, par ces présentes, *reconnu devoir* légitimement à M. Bernard, baron de Neukirchen et Nyvenheim, demeurant à Paris, boulevard Saint-Martin, paroisse Saint-Nicolas-des-Champs, pour ce présent et acceptant,

» La somme de 60,000 livres, pour prêt de même somme, qu'il
» leur a fait en assignats monnayés, ayant cours, *pour employer aux*
» *besoins* DE LEURS AFFAIRES.

» Lesquels 60,000 livres, mesdits sieurs Autié, Viotti et Chailla,
» promettent et s'obligent conjointement et solidairement l'un pour
» l'autre, un d'eux seul pour le tout, sous les renonciations ordinaires
» aux bénéfices de droit de rendre, payer en espèces ayant cours, et
» non autrement, à mondit sieur baron de Neukirchen, en sa de-
» meure à Paris, ou au porteur de ses pouvoirs, dans trois ans de ce
» jour, et jusqu'à cette époque, de lui payer et servir les intérêts de
» ladite somme, sur le pied de cinq pour cent sans retenue, de six
» mois en six mois, à partir du 1er. avril du présent mois; *et en outre*
» *mesdits sieurs Autié, Viotti et Chailla*, suivant la condition ex-
» presse, sans laquelle ils reconnaissent que le présent prêt ne leur eût
» été fait, *promettent et s'obligent solidairement comme dessus, de*
» *faire jouir mondit sieur baron de Neukirchen, des trois quarts de la*
» *loge dans la baignoire du rez-de-chaussée de la nouvelle salle de*
» *spectacle du théâtre de* Monsieur, *rue Feydeau à Paris,* ET DONT
» ILS SONT SEULS PROPRIÉTAIRES ASSOCIÉS, desquels trois quarts
» de loge, que d'ailleurs mondit sieur baron de Neukirchen connaît
» parfaitement pour en jouir depuis quelques jours, ce dernier conti-
» nuera de jouir jusqu'à l'expiration du délai de trois années, ci-
» dessus fixé pour la restitution dudit prêt de 60,000 livres, *décla-*
» *rent mesdits sieurs Viotti et Chailla ne pas entendre déroger, par les*
» *présentes, aux pouvoirs qu'ils ont donnés au sieur Autié, du passé*
» *jusqu'à ce jour, lesquels pouvoirs ils confirment d'abondance par ces*
» *présentes.* »

Avant cet acte, M. du Chailla n'avait jamais eu d'autres rapports avec
le baron de Nyvenheim ; il affirme, sur son honneur et sa conscience,
qu'il n'a en rien profité des fonds provenant de cet emprunt, ni d'aucun produit de cette entreprise.

Pour satisfaire à d'autres besoins du théâtre, MM. Viotti et Autié
firent un grand nombre d'autres emprunts.

Vers la fin de 1791, ils devaient 400,000 livres pour raison d'engagemens étrangers aux constructions. Ils étaient poursuivis rigoureusement.

Par acte passé devant Mᵉ. Maine, notaire à Paris, le 3 janvier 1792, ils vendirent le théâtre à M. Gaillard, qui en fit la déclaration à M. Dufays, moyennant la somme de un million de livres, savoir : 600,000 *liv. pour la vente immobilière*, et 400,000 *liv. pour la vente mobilière.*

En déduction de ladite somme de un million de livres, lesdits sieurs Viotti et Autié ont reconnu avoir reçu dudit sieur Gaillard, dès le 13 novembre 1791, deux cents mille livres qu'ils ont employées tant au paiement des appointemens des mois de septembre et octobre, et des ordonnances arriérées, qu'à divers à-comptes sur les dettes exigibles de l'entreprise, ainsi qu'ils en ont justifié au dit sieur Gaillard ;

Et attendu que lesdites ventes mobilières et immobilière n'avaient été faites que pour éviter les poursuites ruineuses dont les vendeurs étaient menacés, ils se sont soumis à employer les deux cents mille livres qu'ils conservaient entre leurs mains, desdits huit cent mille livres à l'acquit des dettes mobilières dont l'entreprise était encore chargée, et ils se sont obligés à justifier de cet emploi par le rapport des quittances dans le delai de deux mois au plus tard.

Les 600,000 livres restant furent spécialement affectées au paiement de l'emprunt de pareille somme, créé par actions en vertu de l'acte du 30 juin 1790.

M. du Chailla ignore s'ils ont donné la destination convenue à la dernière somme de 200,000 liv.

A l'époque de cette vente, la révolution avait éclaté ; M. le baron de Nyvenheim, en but à des persécutions, à cause de ses opinions monarchiques, était en Hollande ; il ne put se présenter pour réclamer son paiement.

Bientôt les sieurs Viotti et Autié furent, eux-mêmes, forcés de s'expatrier.

M. du Chailla résista à l'orage. En l'an x, il fonda Sainte-Périne, établissement dont le but était de présenter un asile honorable aux personnes qui, victimes de ces temps de trouble, n'avaient conservé, dans un âge avancé, que de faibles débris de leur fortune, insuffisans pour leurs besoins.

Cet établissement avait acquis une réputation presque européenne. Le chef de l'État en fut jaloux, comme il l'était de toute gloire qui n'était pas la sienne.

Dès lors il résolut de se l'approprier.

Un agent des hospices vint signifier à M. du Chailla que le Gouvernement avait jugé à propos de s'emparer de son établissement, et que c'était de l'administration des hospices qu'il dépendrait désormais ; qu'il lui était expressément défendu de s'immiscer, soit comme propriétaire, soit comme directeur, dans le régime de la maison. Il fallut obéir, et M. du Chailla fut dépossédé sans recevoir aucune indemnité.

Une circonstance qui ne fut pas l'effet du hasard, vint, en apparence, légitimer cet envahissement.

M. le baron de Nyvenheim était alors revenu en France ; par suite d'arrangemens concertés entre lui et Viotti, il paraissait être encore créancier de 20,000 livres, sur son obligation de 60,000 ; il avait pris une inscription sur la propriété de Sainte-Périne ; il en provoqua l'expropriation, et le Gouvernement qui en était possesseur ne s'y opposa pas.

M. du Chailla, ruiné par l'expropriation arbitraire, ne put, malgré ses efforts, empêcher l'expropriation légale.

N'ayant pu découvrir la résidence du sieur Viotti, il assigna seulement le sieur Autié devant le tribunal de la Seine, audience des criées, pour voir dire qu'il serait tenu de faire cesser les poursuites du baron de Nyvenheim.

Autié soutint cette action non-recevable ; mais par jugement du 15 mars 1817, enregistré, la deuxième chambre du tribunal, après avoir entendu Hardoin pour M. du Chailla, et Ruelle-Pomponne pour le sieur Autié, rendit le jugement suivant :

« Attendu qu'il résulte des actes authentiques intervenus entre la
» partie ; que la partie d'Hardoin, quoique solidairement obligée à l'é-
» gard des tiers, n'est que caution vis-à-vis de la partie de Ruelle-
» Pomponne ; vu, d'ailleurs, les dispositions de l'art. 2032 du Code
» civil ; attendu que la partie d'Hardoin est poursuivie en justice, pour
» le paiement de portion de l'obligation dont il s'agit, le tribunal, sans
» s'arrêter aux fins de non-recevoir de la partie de Ruelle-Pomponne,
» la condamne à intervenir dans les poursuites de saisie-immobilière
» commencées contre la partie d'Hardoin, et à en arrêter l'effet dans
» la huitaine de la signification du présent jugement, sinon et faute
» par elle, de la faire dans ledit délai, et icelui passé, condamne la
» partie de Ruelle-Pomponne, à payer à celle d'Hardoin, la somme
» de 20,000 francs, montant du principal, pour lequel les poursuites
» sont exercées en ce moment ; ensemble, les intérêts réclamés du
» principal, comme aussi à l'acquitter, garantir et indemniser des
» frais, dommages et pertes occasionnés par les poursuites du baron
» de Nyvenheim, condamne la partie de Ruelle-Pomponne aux dé-
» pens, etc. »

Ce jugement n'a point été attaqué par l'appel ; le sieur Autié étant mort insolvable, les poursuites continuèrent ; Sainte-Périne, que dans le temps de son succès, avait été estimée 400,000 fr., par un concours de circonstances que rien ne peut expliquer, fut, en 1819, adjugée aux hospices, au vil prix de 97,100 francs.

L'ordre eut lieu, M. le baron de Nyvenheim fut colloqué de la somme de 26,114 fr., dont il a été payé par les hospices, ainsi qu'on l'a dit en commençant.

Le Roi a ignoré que la spoliation, dont le sieur du Chailla avait commencé à être l'objet sous l'usurpation, ait été judiciairement consommée sous son règne.

S. M. en a été informée depuis ; espérons que justice sera rendue.

En 1820, le sieur Viotti qui, jusque-là, avait résidé en Angleterre, avait reparu à Paris. Il était directeur-général de l'Académie royale de musique.

M. du Chailla avait droit d'exercer contre lui le même recours que contre Autié, mais il fallait intenter un procès; fatigué de ceux qu'il avait déjà soutenus, M. du Chailla préféra transporter sa créance, et en effet, par acte reçu par M⁰. Petit, notaire à Paris, le 29 mars 1820, il en fit la cession au profit de M. Thirion Montauban.

Le 1ᵉʳ. avril suivant, ce cessionnaire forma opposition à l'Académie royale de musique, sur les appointemens du sieur Viotti.

Cette opposition fut suivie de demande en validité, le 6 du même mois.

A cette époque l'on n'avait pu se procurer la déclaration du 6 décembre 1790, par laquelle le sieur Viotti, comme le sieur Autié, s'était engagé à garantir et indemniser M. du Chailla de tous recours, pour les actes dans lesquels il aurait été annoncé comme leur associé.

Le sieur Viotti tira un grand parti du défaut de représentation de cette pièce. Dans une requête signifiée le 5 janvier 1821, il s'exprima à peu près dans ces termes :

« L'obligation du baron de Nyvenheim a été souscrite solidaire-» ment par les sieurs du Chailla, Viotti et Autié.

» Jusqu'à ce jour on n'a pu avoir connaissance *de la prétendue* dé-» claration du 6 décembre 1790.

» Quelle qu'elle soit, elle n'a pu influer sur l'obligation de 60,000 liv. » qui lui est postérieure; cette déclaration n'est sans doute pas une » obligation, une vente ni un transport qu'aurait souscrit le sieur » Viotti.

» Reste donc le titre du baron de Nyvenheim. M. Viotti a payé » 20,000 liv. à ce créancier; M. du Chailla lui a payé une pareille » somme; en cela il n'a fait que s'acquitter de sa part dans une dette » solidaire, il n'a donc droit à aucun recours. »

Pour suppléer à la déclaration du 6 décembre 1790, méconnue par M. Viotti, on obtint un jugement le 21 novembre 1821, qui autorisa à le faire interroger sur l'existence et la substance de cet acte, et sur le point de savoir si ce n'était pas sur la foi de cette déclaration que M. du Chailla avait souscrit l'obligation du baron de Nyvenheim.

Le sieur Viotti éluda l'exécution de ce jugement pour ne point prêter interrogatoire contre le contenu d'un acte qui pouvait se retrouver plus tard; son avoué se présenta devant M. le juge commis au jour indiqué, et demanda qu'il fût sursis à l'interrogatoire, attendu que M. Viotti ne demeurait plus à Paris chez M. Viotti, son frère, et qu'il était depuis long-temps retenu malade à Londres.

On ne produisait aucun certificat à l'appui de cette allégation.

Dans cet état, les parties furent renvoyées à l'audience.

Quelque temps après, on retrouva la déclaration du 6 décembre 1790.

Viotti changea alors de défense; il soutint que cet acte n'était autre chose qu'une dissolution de la société qui avait existé entre lui, M. du Chailla et M. Autié.

Que l'obligation de Nyvenheim étant postérieure à cette déclaration, elle n'avait pu en recevoir aucune atteinte.

Qu'enfin cette dette avait été contractée pour les besoins personnels de chacun des associés.

A cette époque l'on n'avait pas encore les nombreux actes postérieurs à la déclaration dans lesquels M. du Chailla avait continué de figurer comme associé.

Le tribunal de première instance de la Seine accueillit la défense de Viotti, par jugement de la troisième chambre, du 12 août 1823, et statua en ces termes:

« Attendu que si l'acte passé entre les sieurs Viotti et Chailla des » Arènes, devant Farmain et son collègue, notaires à Paris, le » 30 juin 1790, contenant les bases d'un emprunt par actions, jus-

» qu'à la somme de 600,000 livres, pour les constructions et éta-
» blissement du théâtre Feydeau, présentait, à l'égard desdites cons-
» tructions, le caractère d'un acte d'association ; cette association
» a été formellement détruite à l'égard de Chailla des Arènes, par
» l'acte subséquent passé devant Gabiou et son confrère, notaires à
» Paris, le 6 décembre 1790, contenant déclaration par Chailla des
» Arènes, qu'il n'a fourni aucune valeur, et ne prétend aucun droit
» à l'association du théâtre Feydeau, sous la condition acceptée par
» Autié et Viotti, qu'il sera acquitté, garanti et indemnisé de tous
» recours et prétention pour l'exécution des actes et engagemens
» contractés par ledit théâtre, dans lesquels lui Chailla aurait stipulé
» ou eût été annoncé dans ladite qualité fictive de leur associé ;
» attendu, en supposant que la garantie stipulée dans l'acte du
» 16 novembre 1790, peut se rattacher à d'autres faits antérieurs ;
» que l'acte subséquent, passé devant Me. Gabiou et son collègue,
» notaires à Paris, le 4 avril 1791, et invoqué par M. Thirion Mon-
» tauban, aux droits de Chailla, comme titre principal de la créance
» de son auteur, ne renferme qu'une obligation privée et solidaire,
» par les sieurs Viotti et Chailla des Arènes, envers le sieur Nyven-
» heim de Neukirchen, de la somme de 60,000 liv., pour prêt
» en assignats, porte l'acte, pour employer aux besoins de leurs
» affaires ; qu'à la vérité, les trois co-débiteurs solidaires s'obligent,
» dans cet acte, de faire jouir Nyvenheim des trois quarts d'une loge
» au théâtre Feydeau, dont ils sont, porte l'acte, tous sociétaires
» associés ; mais que cette stipulation a été concordante avec celle
» contenue en l'acte déjà relaté du 6 décembre 1790, portant, de la
» part des sieurs Autié et Viotti, que tout en acceptant la déclaration
» de Chailla, sous les conditions y portées, ledit Chailla serait tou-
» jours à temps d'entrer dans ladite association, en portant les fonds
» de son entrée ; et pour la sûreté de la garantie contractée envers
» lui, qu'il conserverait, comme par le passé, le droit de son admis-
» sion à toutes les opérations de l'administration, comme s'il était
» véritable associé ; qu'elle ne contient point révocation des disposi-

» tions dudit acte du 6 décembre 1790 , et qu'ainsi les termes de
» propriétaires associés, qui n'ont aucun sens par l'ensemble de tous
» les titres relatés, n'ont pu donner à l'emprunt causé pour affaires
» et besoins des contractans, le caractère d'un emprunt pour les
» affaires de la société, à laquelle Chailla ne prétendait aucun droit ;
» qu'alors ce serait à Chailla à établir, pour fonder la garantie qui
» lui est due, qu'il serait rentré dans les opérations du théâtre ; que
» l'emprunt de 60,000 livres aurait tourné au profit de la société ou des
» sieurs Autier et Viotti, et non au sien ; qu'il ne fait aucune de ces
» justifications, attendu que le jugement du 15 mars 1817 n'a point été
» rendu avec Viotti ; que de tous ces actes, faits et circonstances, il
» résulte que Chailla, débiteur solidaire de 60,000 livres envers
» Nyvenhem, n'ayant payé à son créancier, par bordereau de collo-
» cation du 5 avril 1820, que le tiers en capital et intérêts dans la
» susdite somme de 60,000 livres, ne pouvait exercer de recours
» envers ses débiteurs qu'autant qu'il aurait payé au-delà de sa por-
» tion, conformément aux articles 1213 et 1214 du code civil ;
» qu'ainsi le sieur Viotti n'est point débiteur de Chailla des Arènes,
» soit à raison d'une garantie qui n'existe point, soit à raison de l'obli-
» gation solidaire résultant de l'acte du 4 avril 1791. A l'égard des
» dommages-intérêts réclamés par Viotti, attendu que l'opposition
» de Thirion Montauban a eu pour effet d'empêcher le recouvrement
» des deniers dus à Viotti par l'Académie royale de Musique ; qu'ainsi
» elle lui a causé un préjudice dont le saisissant lui doit réparation ,
» par tous ces motifs, le tribunal , sans s'arrêter aux moyens de nul-
» lité de l'opposition invoquée par Viotti, au fond, déclare Thirion
» Montauban non recevable dans sa demande en validité de son
» opposition ; en conséquence , etc. »

M. Thirion a interjeté appel de ce jugement, et depuis il a donné
connaissance à M. du Chailla des contestations élevées par M. Viotti,
pour qu'il ait à intervenir, s'il le jugeait convenable , dans l'instance
pendante devant la Cour, parce que, dans le cas où il serait jugé

définitivement que M. Viotti n'aurait jamais été son débiteur de la somme transportée, M. Thirion entendait exercer son recours contre lui.

M. du Chailla s'est empressé de se présenter devant la Cour, pour justifier l'action exercée contre le sieur Viotti.

Celui-ci étant décédé, ses héritiers ont déclaré reprendre l'instance délaissée par leur auteur.

M. du Chailla a fait de nombreuses recherches dans les minutes des notaires qui ont reçu les actes relatifs à la société du théâtre de MONSIEUR.

Il a retrouvé, parmi les pièces ci-dessus énoncées, l'acte constitutif de la société du 27 août 1789, et les diverses créations d'actions postérieures à sa déclaration du 6 décembre 1790, où il agit toujours en sa qualité apparente d'associé.

Depuis l'instance, les héritiers Viotti ont été sommés de produire les registres de la société : toute communication a été refusée.

Mais heureusement, à défaut de ce document, ceux qu'a pu se procurer le sieur du Chailla depuis la sentence des premiers juges, sont plus que suffisans pour en démontrer le mal jugé.

DISCUSSION.

Elle aura pour objet d'établir, 1°. que d'après la déclaration du 6 décembre 1790, M. Viotti et Autié sont obligés de garantir M. du Chailla de tous les actes dans lesquels il a été annoncé comme leur associé, soit qu'ils aient été souscrits antérieurement ou postérieurement à cette déclaration.

2°. Que l'obligation du baron de Nyvenheim, où M. du Chailla a été annoncé comme associé, a été souscrite pour les besoins de la société.

§. I.

Les premiers juges ont admis que, dans l'origine, M. du Chailla avait été l'associé de MM. Viotti et Autié pour l'emprunt de 600,000 liv. ; mais ils ont supposé que cette société avait été dissoute par l'acte déclaratif du 6 décembre 1790, et que l'obligation de 60,000 liv. qui lui était postérieure, devenait nécessairement personnelle à chacun des souscripteurs.

C'est une erreur grave.

L'acte du 6 décembre 1790 n'est pas une dissolution de société ; c'est un réglement de la position des parties à cette époque.

Il établit que M. du Chailla, associé sérieux à l'égard des tiers, n'est qu'un associé fictif à l'égard des sieurs Autié et Viotti ;

Que s'il lui convient de fournir une mise de fonds, il pourra devenir associé véritable ;

Que jusque là, il continuera de figurer dans les différens actes qui seront souscrits pour la société, comme s'il était déjà véritablement intéressé ;

Et qu'il lui sera dû garantie pour les actes dans lesquels il a déjà figuré en cette qualité, et pour ceux où il figurera encore par la suite.

Tel est en substance l'analyse de l'acte du 6 décembre 1790.

Cet acte ne dit pas que M. du Chailla qui, vis-à-vis des tiers, avait été comme l'associé de MM. Autié et Viotti, cessera de l'être ; au contraire, cette qualité lui a été conservée dans les termes les plus formels.

« Pour plus de sûreté, y est-il dit, *et à la garantie ci-dessus*
» *contractée* envers lui, M. du Chailla conservera, comme par le passé,
» le droit de son admission à toutes les opérations de l'administration
» avec celui de les admettre, ou contester *comme s'il était dès ce mo-*
» *ment véritable associé des sieurs Viotti et Autié.* »

Et par ces mots, *et à la garantie ci-dessus*, il est bien évident qu'on entendait lui donner pour l'avenir la garantie qui venait de lui être promise pour le passé et qui consistait « à l'acquitter et indemniser » des actes et engagemens contractés pour le théâtre, et dans lesquels » il aurait stipulé ou eût été annoncé en sa dite qualité fictive de leur » associé. »

L'événement a prouvé que réellement M. du Chailla devait continuer à figurer comme associé dans les actes souscrits pour le théâtre.

Postérieurement à la déclaration du 6 décembre 1790, dans les actions créées les 23 février, 6 et 15 mars et 31 août 1791, *M. Autié agit tant pour lui que pour MM. Viotti et du Chailla des Arènes*, SES COPROPRIÉTAIRES ASSOCIÉS DU THÉÂTRE DE MONSIEUR.

Et dans l'acte même du baron de Nyvenheim, les sieurs du Chailla, Viotti et Autié s'obligent à le faire jouir des trois quarts d'une loge de la salle, rue Feydeau, *dont ils sont seuls propriétaires associés*.

Ainsi, il est bien démontré,

Que postérieurement à la déclaration du 6 décembre 1790, M. du Chailla, pour le cas où il deviendrait associé réel, a dû continuer de figurer dans les actes actifs et passifs qui avaient rapport au théâtre;

Qu'étant resté associé fictif, il lui est dû garantie pour raison de ces actes.

§. II.

Examinons si l'obligation du baron de Nyvenheim a été souscrite à cause du théâtre.

On s'en convaincra facilement, si l'on examine attentivement les termes des actes et les circonstances de la cause.

On est d'abord frappé du concours des trois individus qui figurent dans l'obligation de 60,000 liv.; s'ils n'eussent pas emprunté pour une chose qui leur fut commune, ce concours n'eût pas eu lieu.

Il serait en effet extraordinaire que le hasard les eût réunis pour emprunter, précisément de la même personne, une somme égale de 20,000 liv. pour leurs besoins particuliers.

La circonstance qu'ils se sont obligés solidairement, démontre que cet emprunt devait servir aux besoins des affaires qui leur étaient communes.

Cette vérité devient de toute évidence, lorsque l'on se reporte à l'acte sur lequel roule la discussion :

« Les sieurs Autié, Viotti et du Chailla reconnaissent devoir la
» somme de 60,000 liv. pour prêt de pareille somme que leur a fait le
» baron de Nyvenheim, pour employer AUX BESOINS DE LEURS
» AFFAIRES. » Ils n'avaient pas d'autres affaires qui leur fussent communes que celles du théâtre.

Comment les premiers juges ont-ils pu trouver dans ces termes, le caractère d'un emprunt fait pour le compte et les besoins particuliers de chacun, lorsqu'il est dit que l'emprunt est fait pour les besoins de leurs affaires ?

L'erreur qu'ils ont commise à cet égard est d'autant plus inconcevable, qu'une autre partie du même acte devait les en garantir.

C'est celle où il est dit :

« Outre l'intérêt de 5 pour cent, les sieurs Autié, Viotti et Chailla,
» suivant la condition expresse sous laquelle ils reconnaissent que le
» prêt ne leur aurait été fait, promettent et s'obligent solidairement
» de *faire jouir M. le baron de Nyvenheim de trois quarts de loge d'une*
» *baignoire* du rez-de-chaussée de la nouvelle salle de spectacle *du*
» *théâtre de* Monsieur, *rue Feydeau, et* DONT ILS SONT SEULS PRO-
» PRIÉTAIRES ASSOCIÉS. »

Si M. du Chailla n'eût pas agi comme associé dans cet acte, on n'eût pas pris soin de l'annoncer comme tel d'une manière si expresse.

S'il n'eût pas agi comme associé, et dans l'intérêt du théâtre, il n'eût pu faire l'abandon de la jouissance d'une loge.

Cet abandon prouve tout à la fois et la qualité de sociétaire du sieur du Chailla, et l'esprit dans lequel on doit entendre le prêt de 60,000 liv.

Les associés avaient l'usage de concéder des jouissances de loge ou des entrées personnelles dans tous les traités qui intéressaient le théâtre.

Le contrat constitutif de société et toutes les créations d'actions contiennent de semblables concessions.

Par cela seul que M. du Chailla a été annoncé dans l'obligation de 60,000 liv., comme associé et propriétaire du théâtre, il lui est dû garantie.

La déclaration du 6 décembre 1790, porte que M. Autié *et Violti serant tenus de le garantir et indemniser des engagemens contractés pour le théâtre, et dans lesquels il aurait stipulé,* OU EUT ÉTÉ AN-NONCÉ *en sa qualité fictive de leur associé.*

Ainsi, d'après la convention des parties, il n'était pas nécessaire que M. du Chailla ait stipulé; il suffisait seulement qu'il ait été nommé comme associé dans un acte, pour qu'il lui fût dû garantie.

C'est à ce seul signe que les parties étaient convenues de reconnaître que les actes souscrits par M. du Chailla, intéressaient le théâtre.

Une autre partie de l'obligation du baron de Nyvenheim, devait aussi frapper l'attention des premiers juges; ils auraient dû se demander l'explication de cette disposition : « Déclarant mesdits sieurs Violti » et du Chailla ne pas entendre, par ces présentes, déroger aux » pouvoirs qu'ils ont donnés au sieur Autié, du passé jusqu'à ce jour, » lesquels pouvoirs ils confirment d'abondance par ces présentes. »

Quels étaient ces pouvoirs?

Ils étaient relatifs à l'entreprise du théâtre, et spécialement à la création des actions.

Par les actes des 30 juin et 6 novembre 1790, M. Autié avait été autorisé à créer des actions de 10 et de 15,000 livres, jusqu'à concurrence de 600,000 livres.

Le 4 avril 1791, date de l'obligation du baron de Nyvenheim, cet emprunt n'était pas entièrement réalisé, puisque cinq mois après le 30 août 1791, une action fut créée au profit d'un sieur Coupin; l'acte en est représenté.

Les sieurs Autié, Viotti et du Chailla, qui empruntaient 60,000 liv. pour les besoins du théâtre, autres que les frais de construction, craignaient que l'on pût voir dans cet emprunt une création de quatre actions de 15,000 livres, et avec d'autant plus de raison que comme aux actionnaires des constructions ils concédaient une jouissance de loge outre l'intérêt des fonds prêtés.

C'est pourquoi ils ont bien soin de déclarer qu'ils n'entendent pas déroger aux pouvoirs qu'ils avaient précédemment donnés au sieur Autié.

C'est-à-dire, que nonobstant l'emprunt fait au baron de Nyvenheim, ils ne l'autorisaient pas moins à créer les 600,000 livres d'actions projetées.

Si cet emprunt n'eût point été relatif au théâtre, s'il eût été fait pour les besoins particuliers des associés, il eût été inutile de dire que ces 60,000 liv. étaient empruntés outre les 600,000 liv. d'actions.

Si M. du Chailla n'eût pas traité dans cet acte comme associé, comment aurait-il pu confirmer des pouvoirs qui n'étaient relatifs qu'à la société.

Voilà ce que les premiers juges n'ont pas examiné, voilà ce qui était suffisant pour admettre l'action en garantie contre le sieur Viotti.

Les circonstances dans lesquelles l'emprunt dont il s'agit a pris naissance, n'étaient pas moins déterminantes.

On peut dire qu'il eût été impossible aux sieurs Viotti et Autié de suffire aux dépenses du théâtre, s'ils ne l'eussent pas fait.

Tous les fonds provenant des 600,000 liv. d'actions devaient être déposés entre les mains de M^e. Farmain, notaire, et ne pouvaient être employés qu'à payer les entrepreneurs des constructions de la salle ; c'était la condition de la création des actions.

Cependant, une fois la salle construite, le théâtre nécessitait bien d'autres dépenses qui n'avaient pas les constructions pour objet ; il fallait payer les acteurs, les machinistes, et tous les employés ; il fallait monter des pièces nouvelles, et surtout celle de *Lodoïska*, qui a tant coûté à l'entreprise.

MM. Viotti et Autié n'avaient pas de fortune par eux-mêmes ; M. du Chailla ne leur faisait pas d'avances.

Dans la nécessité où ils étaient de recourir à des emprunts, ils se sont adressés à M. le baron de Nyvenheim et à beaucoup d'autres personnes. Ce qui le prouve, c'est que lors de la vente du théâtre, on a vu qu'outre les 600,000 liv. d'actions, ils avaient pour 400,000 liv. de dettes mobilières étrangères aux constructions.

Ils se sont engagés à employer cette dernière somme au paiement des créances mobilières. M. de Nyvenheim, qui était alors en Hollande, ne put se présenter.

L'impossibilité où ils ont été plus tard de se libérer envers lui, a pu seule leur suggérer la pensée de rendre M. du Chailla personnellement passible d'un tiers du montant de cette dette.

Si les héritiers Viotti eussent représenté les registres de la société qui leur ont été demandés, on y eût infailliblement vu l'emploi des 60,000 livres prêtés par le baron de Nyvenheim.

Le refus de fournir ce document n'est pas sans force contre eux.

Au résumé ;

Les sieurs Viotti et Autié sont obligés, par la déclaration du 6 dé-

cembre 1790, à garantir M. du Chailla des actes qu'il pourrait sous-
crire pour le théâtre, et dans lesquels il aurait été annoncé comme
leur associé.

M. du Chailla a été annoncé comme leur associé dans l'obligation
du baron de Nyvenheim.

Cette obligation, d'après ses termes, l'ensemble des actes et les circonstances de la cause, a été souscrite dans l'intérêt du théâtre.

La contradiction des deux jugemens de première instance doit donc
cesser; la même condamnation doit être prononcée contre Autié et
les représentans Viotti.

M. du Chailla doit avoir la même action en indemnité contre tous
deux.

Cette action est trop bien établie pour qu'il puisse être condamné
à rembourser au sieur Thirion le prix moyennant lequel il lui en a
fait le transport.

La Cour n'ajoutera pas, par une semblable condamnation, une nouvelle cause de ruine, à l'expropriation que M. du Chailla a déjà subie
si injustement, en vertu de l'obligation du baron de Nyvenheim.

Mᵉ. BRISOUT DE BARNEVILLE, *Avocat-Général.*

Mᵉ. DE COURDEMANCHE *Avocat plaidant.*

Mᵉ. JOVART, *Avoué.*

IMPRIMERIE MOREAU, RUE MONTMARTRE, N°. 59.